24 Novembre 1880

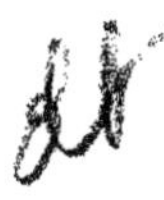

Vente des Mercredi 24 et Jeudi 25 Novembre 1880,

HOTEL DROUOT, SALLE N° 3

COLLECTION

DE

M. BRESSANT

DE LA COMÉDIE FRANÇAISE

EXPOSITION PUBLIQUE

Le Mardi 23 Novembre 1880

DE UNE HEURE A CINQ HEURES.

COMMISSAIRE PRISEUR

Me CHARLES PILLET,

10, rue de la Grange-Batelière.

EXPERTS

M. GEORGE

12, rue Laffitte.

M. MARTIN

18, rue Séguier.

CATALOGUE

DE

TABLEAUX ET DESSINS

DE L'ÉCOLE MODERNE

COROT, COUTURE, DAUBIGNY, FICHEL, FEUCHÈRE, GRANET,
TH. FRAGONARD, LORSAY, MEISSONIER, H. MONNIER, ROQUEPLAN,
M. VERDIER, J. DE VIGNON, WAPPERS, WATTIER.

ŒUVRES DE FR. BONVIN

Tableaux anciens, Gravures, Eaux-fortes, Albums, Lithographies, Livres

OBJETS D'ART

Armes — Argenterie — Porcelaines — Biscuits — Verrerie

BIJOUX — BRILLANTS — PERLES

Boites, Bonbonnières, Miniatures, Bronzes d'art et d'ameublement,
Bronzes Japonais, Emaux cloisonnés, Belle Console de style Louis XIV,
Meubles anciens.

Composant la Collection de M. BRESSANT, de la Comédie-Française.

DONT LA VENTE AURA LIEU

HOTEL DROUOT, SALLE N° 3

Les Mercredi 24 et Jeudi 25 Novembre 1880,

A DEUX HEURES

Par le ministère de Me **CHARLES PILLET**, Commissaire-Priseur,
10, rue de la Grange-Batelière,

Assisté pour les Tableaux et Objets d'art, de **M. GEORGE**, Expert, 12, rue Laffitte.

Et pour les Livres, de **M. MARTIN**, Libraire, 18, rue Séguier.

Chez lesquels se trouve le présent Catalogue.

Exposition Publique : le Mardi 23 Novembre 1880.

DE UNE HEURE A CINQ HEURES

CONDITIONS DE LA VENTE

Elle sera faite au comptant.

Les adjudicataires payeront *cinq pour cent* en sus des enchères.

L'exposition mettant le public à même de se rendre compte de l'état des objets, il ne sera admis aucune réclamation une fois l'adjudication prononcée.

ORDRE DES VACATIONS

Mercredi 24 Novembre :

Tableaux modernes............................	1 à 47
Tableaux anciens............................	48 à 59
Dessins, Aquarelles............................	60 à 99
Gravures, Albums............................	100 à 114

Mercredi 24, à 7 heures et demie du soir :

Les Livres............................	227 à 295

Jeudi 25 novembre :

Curiosités, Objets d'art, Bijoux, Porcelaines, Bronzes, Meubles............................	115 à 226

N. B. — *L'Ordre numérique ne sera pas suivi.*

Paris. — Typ. Pillet et Dumoulin, rue des Grands-Augustins, 5.

DÉSIGNATION

TABLEAUX MODERNES

BONVIN (FRANÇOIS)

1 — Le Déjeuner de l'apprenti.

Signé et daté 1857.

Haut., 40 cent.; larg., 32 cent.

BONVIN (FR.)

2 — La Brodeuse.

Haut., 40 cent.; larg., 32 cent.

BONVIN (FR.)

3 — La Femme à la fontaine.

Signé et daté 1861.

Haut., 72 cent.; larg., 58 cent.

BONVIN (FR.)

4 — Servante bretonne.

Signé et daté 1860.

Haut., 41 cent., larg., 27 cent.

BONVIN (FR.)

5 — Nature morte; le Pot-au-feu.

Haut., 98 cent.; larg., 80 cent.

BONVIN (FR.)

6 — Nature morte.

Raie, poisson, chaudron et bouillote en cuivre, sur une table de cuisine couverte d'une nappe.

Haut., 98 cent.; larg., 80 cent.

BONVIN (FR.)

7 — Nature morte.

Huitres sur un plat, bouteille, verre, citron, déposés sur une table en partie recouverte par une nappe blanche.

Haut., 92 cent.; larg., 72 cent.

BONVIN (F.)

8 — Le Plat d'huîtres.

Haut., 35 cent.; larg., 45 cent.

BONVIN (F.)

9 — Les Poltaises.

Étude à Dieppe, 1852.

Haut., 24 cent.; larg., 32 cent.

BONVIN (F.)

10 — Intérieur de chaumière.

Étude.

BONVIN (d'après Vélasquez)

11 — Portrait d'une Infante.

Haut., 24 cent.; larg., 20 cent.

COROT

12 — Lisière de bois.

Étude.

Haut., 28 cent.; larg., 36 cent.

COUTURE (TH.)

13 — Pâtre italien.

Signé des initiales.

Haut., 23 cent.; larg., 16 cent.

COUTURIER (PH.)

14 — La Couturière.

Haut., 64 cent.; larg.; 48 cent.

DAUBIGNY

15 — Les Champs au crépuscule.

Haut., 23 cent.; larg., 48 cent.

DAUMIER (H.)

16 — Les Liseurs.

Esquisse peinte.

DELACROIX (A.)

17 — Pêcheurs sur la plage.

Esquisse.

DREUX-DORCY

18 — Tête de jeune fille blonde.

19 — La Rêverie.

DREUX-DORCY

20 — Nymphe.

EECKHOUT (J.)

21 — La Lecture de la Bible.

Haut., 56 cent.; larg., 44 cent.

FICHEL (E.)

22 — La Lecture du manuscrit.

Intérieur Louis XV, trois personnages,

Haut., 22 cent.; larg., 16 cent.

FONTALLARD

23 — Bacchante.

GABÉ (E.)

24 — L'Église d'Amalfi.

Signé et daté 1847.

Haut., 32 cent.; larg., 24 cent.

GABÉ (E.)

25 — Matelots dans une barque.

GABÉ (E.)

26 — Marine, la pêche.

GABÉ

27 — Les Naufragés.

GABÉ

28 — Tempête.

LAPITO

29 — Village dans la montagne.

LE POITEVIN (E.)

30 — Bateaux de Pêche.

Haut., 25 cent.; larg., 40 cent.

LORSAY (E.)

31 — *Clarisse Harlowe*, la scène du souper.

Bressant, Gil-Perez, Landrol, Moreau-Cinti.

LORSAY (E.)

32 — Dernière scène de *Clarisse Harlowe*.

Mme Rose Cheri, MM. Bressant, Geoffroy, Montdidier.

LORSAY (EUSTACHE)

33 — Le Prisonnier.

Haut., 41 cent.; larg., 30 cent.

34 — Les Regrets.

Haut., 41 cent.; larg., 30 cent.

LORSAY (E.)

35 — Une scène du *Songe d'une Nuit d'Eté.*

MEISSONIER (E.)

36 — Un Blason.

Au chiffre de l'artiste, surmonté d'une levrette couchée et portant la devise : *Non sine labore.*

Long., 10 cent. 1|2 ; haut., 10 cent. 1|2.

MÉNARD (R.)

(DEUX PENDANTS)

37 — Paysages.

ROQUEPLAN (C.)

38 — Le Champ de blé.

Signé.

Haut., 24 cent.; larg., 34 cent.

*

VERDIER (MARCEL)

39 — La Bouquetière.

Haut., 1 m. 20 cent.; larg., 90 cent.

VERDIER (MARCEL)

40 — Fleurs.

VIGNON (JULES DE)

41 — Le Chasseur.

VIGNON (JULES DE)

42 — Prière à la madone.

WAPPERS

43 — La Mauvaise nouvelle.

Haut., 58 cent.; larg., 47 cent.

WATTIER (EMILE)

44 — Bacchus et Ariane.

Bois forme octogone.

Haut., 28 cent.; larg., 28 cent.

(PENDANT DU PRÉCÉDENT)

45 — L'Education de Bacchus.

WATTIER (EMILE)

46 — Les Femmes savantes.

Haut., 21 cent.; larg., 16 cent.

ÉCOLE BELGE

47 — Marine.

TABLEAUX ANCIENS

BERTAUX (JEAN)

(DEUX PENDANTS)

48 — Hussard et cavalier mameluk.

BOILLY

49 — Elleviou dans le *Prisonnier* (opéra-comique de Della Maria).

Haut., 50 cent.; larg., 42 cent.

BOILLY

50 — Portrait de Fleury, de la Comédie-Française.

Signé : Boilly.

Haut., 20 cent. ; larg., 16 cent.

BREUGHEL DE VELOURS

51 — Berger à l'entrée d'une forêt — daté 1602.

Cuivre Haut., 18 cent.; larg., 24 cent.

DUSSART (attribué à c.)

52 — Vieille femme à sa fenêtre.

Haut., 28 cent.; larg., 21 cent.

LAMBRECHT

53 — La Bouquetière.

NETSCHER (th.)

54 — Portrait de Dominique, célèbre arlequin.

Haut., 32 cent.; larg., 25 cent.

ROMBOUTS

55 — Paysage, les Bergers.

RUYSDAEL (attribué à)

56 — Paysage, troupeau à la rivière.

Haut., 28 cent.; larg., 39 cent.

VELDE (J. VANDEN)

57 — Les Patineurs.

Haut., 39 cent., sur 60 cent.

58 — Deux tableaux indiens.

59 — Plusieurs tableaux anciens et modernes sous ce numéro.

DESSINS — AQUARELLES

BONINGTON

60 — Pâturage au bord d'une rivière.

Aquarelle.

BONVIN (FR.)

61 — Barque sur la plage.

Sépia.

BONVIN

62 — La Sortie de la cave.

Dessin.

BONVIN

63 — La Repasseuse.

Dessin.

BONVIN

64 — Les Forgerons (Tréport).

Plume et lavis.

BONVIN

65 — La Vallée d'Arques.

Dessin.

BONVIN

66 — Deux chats.

Croquis au crayon noir.

CICERI

67 — Les Roches.

Aquarelle.

DECAMPS

68 — Chasseur.

Crayon noir.

DECAMPS

69 - Les Sorcières.

Sépia.

DE TRIQUETI

70 — Sujet tiré de la Divine Comédie.

Dessin.

DEVERIA (A.)

71 — L'Heureuse mère.

Aquarelle.

FEUCHÈRE, 1843

72 — Le Dante.

Sépia rehaussée de blanc.

FEUCHÈRE

73 — **Dessin pour un bouclier.**

Plume.

FEUCHÈRE

74 — Modèle de vase.

Dessin.

FRAGONARD (THÉOPHILE)

75 — Le Foyer du Théâtre-Français vers 1830.

Aquarelle.

GIRAUD ([illegible]) EUGÈNE

76 — Bressant, dans le *Lion amoureux*.

Aquarelle.

GRANET

77 — Moines dans un cloître.

Sépia.

LEBAS (H.)

78 — Paysage boisé.

Aquarelle.

LORSAY (EUSTACHE)

79 — Album des Célébrités dramatiques, 1853 et 1854.

Intéressante collection composée de 130 portraits, d'une extrême ressemblance, des artistes de cette époque, représentés dans leurs principales créations.

Dessins très soignés, à la mine de plomb.

Mme M. Brohan. — Monrose. — Mme Delphine Fix. — Bressant. — P. Leroux. — Regnier. — Armand. — Hyacinthe. — Julien Deschamp. — Vernet. — Provost. — Jourdan. — Mlle Lemercier. — Mlle Lefebvre. — Bataille. — Moker. — Mlle Decroix. — Herman Léon. — Junka. — Leroy. — Mme Meyer-Meillet. — Tisserand. — Mlle Laurentine. — Geoffroy. — Derval. — Prosper Gothi. — Lesueur. — A. Dupuis. — Lafontaine. — Villars. — Mme Rose Chéri. — Berton père. — Ferville. — Lepeintre aîné. — Mlle Mélanie. — Mlle Désirée. — Mlle Figeac. — Mlle Isabelle Constant. — Mme Guyon. — L. Luguet — Blondelet. — Mlle Pauline Jary. — Mlle Sophie Hammette. — Mlle Déjazet. — Fechter. — Pastelot. — Coulombier. — Ch. Potier. — Kopp. — Lassagne. — Leclerc. — Ch. Perey. — Laferrière. — Gil-Perez. Christian. — Grassot. — Amant. — Ravel. — André Hoffmann. — Félix. — Delannoy. — Vannoy. — Perrin. — Taillade. — Emmanuel. — Mme Cabot. — Lacressonnière. — Paulin Menier. — Mme Lambquin. — Mme Naptal Arnault. — Mlle Léontine. — Mme Lucie Mabire. — Mélingue. — Mme Roger Solié. — Alfred Baron. — Mme Delphine Baron. — Mlle A. Fernande. — Barré. — Chilly. — Dumaine. — Emile. — Alexandre. — Francisque jeune. — Lebel. — Williams. — Mlle Joséphine. — Numa. — Klein. — Landrol père. — Lassouche. — A. Michel. — Bordier. — Alcide Touzé. — Paul de Kock. — Frédéric Soulié. — Mme Colson. — Chocquart. — Bignon. — Riquier. — A. Dumas.

LORSAY (E.)

80 — Épisode de la Saint-Barthélemy.

Grand dessin au crayon noir.

MARNY

81 — Quatre aquarelles dans le même cadre; paysages.

MEISSONIER (E.)

82 — Scène des mousquetaires.

Dessin à la plume avec autographe au verso.

MONNIER (HENRY)

83 — Lecture dans l'antichambre du château.

Aquarelle.

MONNIER (HENRY)

84 — Paysannes normandes à l'église.

Aquarelle.

MONNIER (HENRY)

85 — École de filles (Normandie).

Aquarelle.

MONNIER (H.)

86 — Monsieur Prud'homme.
Plume et lavis.

MONNIER (H.)

87 — *Otez l'homme de la société, vous l'isolez.*
Dessin à la plume.

NOGUÈS

88 — Portrait de Mme Dorval.
Crayon noir estompé.

PALIZZI

89 — Petit berger dans la montagne.
Aquarelle.

RAFFET

90 — Bonaparte (le 13 vendémiaire 1795).
Mine de plomb.

REMBRANDT

91 — Jeune paysan, étude de nu.
Plume et sépia.

ROSALBA

92 — Portrait d'actrice.

Pastel.

VECCHIA (d'après PIETRO DELLA)

93 — Portrait d'homme dit Le chevalier Bayard.

Aquarelle,

VIGNON (J. DE)

94 — Lazzarone

Dessin.

WISSANT

95 — Chalet suisse.

Aquarelle.

ÉCOLE FRANÇAISE

96 — Tête de jeune femme.

Dessin au crayon.

ÉCOLE FRANÇAISE

97 — Poisson dans le rôle de Crispin.

Pastel.

ÉCOLE FRANÇAISE (XVIIIe siècle)

98 — Joli dessin, jeune femme en costume Louis XV.

Crayon noir et sanguine.

ÉCOLE ITALIENNE

99 — Composition allégorique.

Plume et sépia.

GRAVURES, LITHOGRAPHIES

100 — Greuze (d'après). L'Ermite (avant la lettre).

101 — Greuze (d'après). L'Enfant prodigue (avant la lettre).

102 — Greuze (d'après), par Massard.—La Dame bienfaisante.

103 — Greuze (d'après), par Massard.—La mère bien-aimée.

104 — Greuze (d'après), par Flipart. — Le Paralytique.

105 — Greuze (d'après), par Flipart. — Le Gâteau des rois.

106 — Greuze (d'après), par Flipart. — L'Accordée de village.

107 — Strange d'après V. Dyck. — Charles Ier.

108 — V. Dyck (d'après). — Henriette de France (avant la lettre).

109 — Pièces en couleurs d'après Boilly, Lawreince, etc., etc.

110 — Pièces de l'école française, salles de spectacles et cérémonies par Cochin, gravures anciennes et modernes, lithographies, photographies.

111 — Eaux-fortes par Bonvin, Meryon, etc.

112 — Recueil de 30 fac-similés, gravés par A. Leroy, d'après les dessins des grands maîtres. Texte par F. Villot.

113 — Album. — Costumes de théâtre, lithographiés par H. Lecomte.

114 — Galerie dramatique, recueil de portraits lithographiés.

OBJETS D'ART

ARMES, ARGENTERIE, VERRERIE DE BOHÊME

115 — Marbre blanc. — Statuette de *Léda*, par Feuchère, 1844.

116 — Plateau rond en jade gris sculpté; travail chinois.

117 — Saint Georges terrassant le dragon, bas-relief en ivoire.

118 — Bois sculpté. — Divinité chinoise, placée sur un socle en bois doré.

119 — Encrier Louis XV, plateau triangulaire en laque, incrusté de burgau, avec monture en bronze rocaille ; il est surmonté de trois godets en porcelaine blanche de Chine à ornements en reliefs.

120 — Boîte à thé en laque du Japon.

121 — Beau yatagan à lame damasquinée d'or, fourreau en argent repoussé, garni de coraux ; poignée en ivoire.

122 — Yatagan, poignée en argent niellé, fourreau en argent repoussé.

123 — Poignard persan, lame courbe damassée, poignée en morse, garniture en argent niellé.

124 — Poignard persan, lame ondulée en damas ronceux ; poignée en morse, garniture en fer damasquinée d'or.

125 — Sabre turc à lame courbe damasquinée.

126 — Sabre japonais.

127 — Poignard japonais.

128 — Kriss malais.

129 — Poignard indien.

130 — Epée espagnole.

131 — Armes sauvages, javelots, piques, casse-têtes, haches.

132 — Armes européennes, fusils, poignards, couteaux de chasse, etc.

133 — Paire de beaux flambeaux en argent, de l'époque Louis XIV.

134 — Cafetière en argent, de l'époque Louis XIV.

135 — Sucrier à saupoudrer en cuivre gravé et argenté ; époque Louis XIV.

136 — Déjeuner en vermeil composé de six pièces.

137 — Verrerie de Bohême. Sous ce numéro, environ cinquante pièces en Bohême gravé et émaillé, telles que : très grands gobelets à couvercles, cannettes et chopes, carafes, porte-bouquets, verres à vins, etc.

PORCELAINES

138 — Pendule du temps de Louis XVI en biscuit de porcelaine. — Des Amours et de petits satyres placent une guirlande de pampre autour du cadran. Socle en bois noir, orné d'un bas-relief en bronze ciselé et doré.

139 — Biscuit. — Groupe de quatre figures, les Moissonneurs.

140 — Deux jolis groupes en biscuit, Enfants jouant avec une chèvre, et enfants cueillant des fleurs.

141 — Plateau ovale, sucrier octogone, pot à crème, tasse et soucoupe en porcelaine de Saxe d'un joli décor.

142 — Deux grands vases en porcelaine de Saxe, décorés de fleurettes en relief et de médaillons peints à sujets dans le goût de Lancret.

143 — Trois cafetières et une théière en porcelaine de Saxe.

144 — Six bols en porcelaine de Chine, décorée de dragons en émail vert ; jolies montures en argent à cariatides sur les anses.

145 — Tasse et soucoupe en porcelaine de Vienne, à sujets mythologiques et rehauts d'or.

146 — Autre en même porcelaine.

147 — Deux vases carrés en porcelaine du Japon.

148 — Grand plat rond en porcelaine du Japon moderne, décor à personnages.

BIJOUX, BONBONNIÈRES, MINIATURES

ÉMAUX CLOISONNÉS

149 — Epingle. Grosse perle ronde entourée d'un serpent en brillants.

150 — Epingle. Perle poire reliée à un trèfle de trois brillants par une attache en roses.

151 — Epingle. Perle poire avec brillant et serpent en petits brillants.

152 — Epingle. Perle, deux brillants et frange en roses.

153 — Epingle. Grosse perle, pendeloque, à tiges et feuilles garnies de brillants.

154 — Epingle. Mouche en roses.

155 — Epingle. Serpent en émeraudes et diamants.

156 — Epingle double. Perles et roses.

157 — Bague, serpent en or, montée d'un brillant.

158 — Bague or avec améthyste gravée (Salamandre).

159 — Bague or avec pierre gravée (Iris).

160 — Bague. Avec trois brillants.

161 — Bague. Turquoise et 19 brillants.

162 — Bague. Ecusson en turquoise, surmonté d'une couronne de marquis en roses.

163 — Petite broche, deux serpents enlacés en roses et deux pendeloques en émeraudes cabochons.

164 — Un médaillon et deux boutons de manchettes or, montés chacun d'un brillant.

165 — Chaîne de gilet en or émaillé et perles fines.

166 — Paire de boutons de manchettes, perle au centre d'une fleur en onyx.

167 — Deux boutons de manchettes or, ornés chacun d'une perle et de six petits brillants.

168 — Médaillon en or, orné d'un fer à cheval en rubis et roses.

169 — Deux boutons de manchettes en or pavés de turquoises et de roses.

170 — Douze paires de boucles en strass. — Seront divisées sous ce numero.

171 — Boutons en strass.

172 — Paire de boucles Louis XVI, en argent à facettes.

173 — Flacon à tabac en ambre ; travail chinois.

174 — Tabatière Louis XV, en argent gravé et doré, de forme ovale.

175 — Tabatière à angles coupés en cuivre doré.

176 — Boîte ronde en vernis Martin.

177 — Petite boîte ovale en émail à figures mythologiques, monture en argent gravé et doré.

178 — Boîte ovale en cristal de roche, monture en argent.

179 — Bonbonnière carrée en argent doré, à ornements rocaille.

180 — Autre de même style en cuivre doré.

181 — Miniature. Portrait de femme, costume du XVIe siècle; signée *Carteaux P. D., Roy* 1785.

182 — Portrait de femme, de l'époque Louis XVI, miniature signée Vestier, 1782.

183 — Miniature. Portrait de Préville.

BRONZES D'ART ET D'AMEUBLEMENT

184 — Minerve. Statuette en bronze italien du XVIe siècle.

185 — Vénus au bain. Statuette en bronze, d'après JEAN DE BOLOGNE.

186 — Figure allégorique de la Science, bronze d'après JEAN DE BOLOGNE.

187 — Voltaire d'HOUDON, buste en bronze, grandeur nature.

188 — Le Chanteur florentin de PAUL DUBOIS; statuette en bronze de BARBEDIENNE.

189 — Les Nymphes de JEAN GOUJON ; deux bas-reliefs en bronze de BARBEDIENNE.

190 — Polymnie. Bronze de BARBEDIENNE.

191 — La Vénus de Milo. Bronze de BARBEDIENNE.

192 — Faunesse et Satyre enfant, groupe d'après CLODION.

193 — Naïade sur un dauphin. Bronze de FEUCHÈRE.

194 — Satan. Statuette en bronze de FEUCHÈRE.

195 — Chien rapportant un lièvre. Bronze de MÈNE.

196 — Chien en arrêt. Bronze de MÈNE.

197 — Chiens au terrier. Groupe en bronze de Mène.

198 — Coupe en bronze supportée par un groupe de petits bacchants, placé sur un piédestal à consoles.

199 — Deux flambeaux en bronze gravé, de style vénitien.

200 — Encrier en bronze doré, Triton.

201 — Paire de chenets en bronze de forme triangulaire, style Louis XIV.

202 — Deux lampes en bronze de chez Barbedienne, ornées au pourtour de bas-reliefs : les Muses.

203 — Lustre à vingt-cinq lumières, en bronze vert et doré, de *Barbedienne.*

204 — Quatre petits lustres d'applique à six lumières, bronze de Barbedienne.

205 — Quatre appliques de mur en bronze, à quatre lumières, bouquets de marguerites.

206 — Lustre à douze lumières, en bronze, style Louis XV.

207 — Coupe à piédouche en onyx d'Algérie, avec monture en bronze.

208 — Grande coupe en onyx d'Algérie, à anses plates et bande d'ornements en émail cloisonné.

209 — Deux petites girandoles en bronze et porcelaine du Japon.

210 — Garniture de cheminée en bronze doré, de style Louis XV, pendule et candélabres à figures d'enfants.

211 — Cache-pot en émail cloisonné à fleurs sur fond turquoise.

212 — Statuette en bronze : l'Enfant à la coquille.

213 — Porte-cigares en bronze artistique.

214 — Un brûle-parfums et deux cornets en émail cloisonné de la Chine.

215 — Vase en bronze du Japon, de forme sphérique, orné de grues et de dragons en relief.

216 — Vase à bord très large en bronze du Japon, à deux anses et décoré de cigognes en relief.

217 — Brûle-parfums carré en bronze du Japon, à couvercle surmonté d'une chimère.

218 — Deux coupes en Japon, monture en bronze.

219 — Bronze japonais. — Personnage monté sur une tortue.

220 — Bronze japonais. — Petit brûle-parfums.

MEUBLES

221 — Belle console de style Louis XIV, en marqueterie de cuivre, d'écaille et de nacre, à quatre pieds, cariatides ailées en bronze doré et tablette d'entre-jambes, ornée d'un vase en bronze. Dessus en marbre vert.

222 — Pendule Louis XIV, marquetée d'étain, socle à tablier; elle est surmontée d'une statuette du Temps.

223 — Coffre Louis XIII en noyer sculpté, en haut-relief, cariatides et panneaux composés d'animaux chimériques.

224 — Armoire en chêne sculpté, ornée de six bas-reliefs, sujets tirés de l'histoire de Suzanne, montants à cariatides, fruits, etc.; XVIIe siècle.

225 — Table en chêne sculpté à pieds tors.

226 — Petit guéridon rond en acajou, à galerie en cuivre.

226 *bis.* — Grande bibliothèque en chêne en bois sculpté.

LIVRES

227 — Ancien Moniteur (Réimpression de l'). Seule histoire authentique de la Révolution Française. *Paris, Plon*, 1850, 32 vol. gr. in-8, d.-rel. bas. viol.

228 — Armengaud. Les galeries royales d'Angleterre. *Paris*, 1867, in-fol. d.-rel. ch. rou. *Fig.*

229 — Arts Somptuaires (Les). Histoire du Costume et de l'Ameublement et des arts et des industries qui s'y rattachent, par Ch. Louandre. *Paris*, 1858, 3 vol. in-4, en livr. *Planches en couleur.*

230 — Artus Désiré. Les batailles et victoires du Chevalier Céleste contre le Chevalier Terrestre, l'un tirant à la maison de Dieu, et l'autre à a maison du Prince du Monde chef de l'Eglise Maligne. *Paris, Est. Grouleau*, 1562, in-16, mar. bl. tr. dor. *Vignettes sur bois.*

Joli exemplaire d'un livre rare.

231 — Bade et ses environs, dessinés par J. Coignet. *Paris, Hachette*, 1858, gr. in-fol., cart. tr. dor. *Planches lithogr.*

232 — Bescherelle. Dictionnaire national. *Paris. Garnier*, 1855, 2 vol. in-4, d.-rel. ch.

233 — Biographie universelle, par Hœfer. *Paris*, *Didot*, 1852, 23 vol. in-8, br. (tomes 1 à 23).

234 — Blanc (Ch.). Histoire des peintres de toutes les écoles. *Paris*, *Renouard*, 14 vol. in-4, d.-rel. mar. rou. tête dorée, n. rog.

235 — Boccace. Contes, traduction nouvelle, par Sabatier de Castres. *Paris*, *Poncelin*, 1801, 11 vol. in-8, d.-rel. v. vert. *Figures de Gravelot.*

236 — Buffon. Œuvres complètes, nouv. édit. annotée, par Flourens. *Paris*, *Garnier*, 12 vol. gr. in-8, en livr. *Figures coloriées.*

237 — Chateaubriand. Œuvres complètes. *Paris*, s. d. 20 vol. gr. in-8, d.-rel. ch. vert. *Figures.*

238 — Costumes Historiques des xvie, xviie et xviiie siècles, dessinés par Lechevallier-Chevignard, gravés par Didier, Flameng, etc., avec texte par G. Duplessis. *Paris*, *A. Lévy*, 1867, 4 vol. in 4. d.-rel. ch. bl. coins, tête dorée, n. rog. *Planches coloriées.*

239 — Danet. L'art des armes, ou la manière la plus certaine de se servir utilement de l'épée. *Paris*, 1776, in-8, br. *Planches.*

240 — Dargaud. Histoire de Marie Stuart. *Paris*, *Didot*, 1850, 2 vol. in-8, d.-rel. ch. vert.

241 — Delavigne (C.). Œuvres. *Paris*, *Didier*, 1850, 5 vol. in-8, d.-rel. ch. vert. *Figures de Johannot.*

242 — Delille. Œuvres. *Paris*, *Michaud*, 1824, 16 vol. in-8, d.-rel. v. v. *Fig.*

243 — Desforges. Le poëte, *Paris*, 1819, 5 vol. in-12 v. viol. *Figures.*

244 — Dictionnaire de la conversation et de la lecture. *Paris*, 1853, 16 vol. gr. in-8, en livr.

245 — Diderot. Œuvres complètes. *Paris*, Brière, 1821, 22 vol. in-8, d.-rel. chag. v. n. rog.

Exemplaire sur grand papier vélin.

246 — Gavarni. Œuvres choisies. *Paris*, *Hetzel*, 1847, 3 vol. gr. in-8, br. et livraisons.

247 — Gavarni. Œuvres choisies. *Paris*, 1857, in-fol. cart.

248 — Gœthe. Œuvres. *Paris*, *Charpentier*, 1850, 10 vol. in-12, d.-rel.

249 — Guinot. L'Été à Bade. *Paris*, *Bourdin*, s. d., gr. in-8, ch. viol. tr. dor. *Fig. de T. Johannot*, *E. Lami*, etc.

250 — Heine (H.). Œuvres. *Paris*, *Lévy*, 1866, 12 vol. in-12, d.-rel. ch. viol. tr. dor.

251 — Hugo (V.). Œuvres. *Paris*, *Michaud*, 1843, 22 vol. in-8, d.-rel. ch. n.

252 — Imitation de Jésus-Christ, traduite du latin par Michel de Marillac. *Paris, Curmer*, in-4, en livr.

400 planches en couleurs copiées sur les plus beaux manuscrits du VIIIe au XVIIe siècle.

253 — Johnson. A Dictionary of the english language. *London*, 1831, 2 vol. in-4, d.-rel. *Portr.*

254 — La Fontaine. Fables, illustrées par G. Doré. *Paris, Hachette*, in-4, en livr.

255 — Lamartine. Œuvres. *Paris, Gosselin*, 1847, 8 vol. in-8, d.-rel. bas. rou. *Figures.*

256 — Lamartine. Histoire des Girondins. *Paris, Furne*, 1847, 8 vol. in-8, d.-rel. bas. rou. *Figures.*

257 — Legouvé. Le mérite des femmes. *Paris, Renouard*, 1813, in-18, mar. rou. tr. dor. (*Doll*) *Vignette de Moreau.*

258 — Lesage. Œuvres choisies. *Paris, Leblanc*, 1810, 15 vol. in-8, v. marb. *Fig. de Marillier.*

259 — Martin (H.). Histoire de France. *Paris, Furne*, 1855, 17 vol. in-8, br. *Fig.*

260 — Montaigne. Essais. *Paris, Charpentier*, 1854, 4 vol. in-12, d.-rel. ch. n.

261 — Montlyard et Baudoin. Mythologie ou explication des Fables. *Paris*, 1627, in-fol. bas.

262 — Musset (A. de). Œuvres complètes. Edition dédiée aux amis du poète. *Paris*, *Charpentier*, 1865, 10 vol. gr. in-8, d.-rel. mar. vert, tête dorée, n. rog. *Figures de Bida*.

Grand papier de Hollande.

263 — Musset (A. de). Œuvres complètes. *Paris*, *Charpentier*, 1867, gr. in-8, en livr. *Figures de Bida*.

264 — Rabelais. Œuvres, publ. par P. L. Jacob. *Paris*, *Bry*, 1854, gr. in-8, br. *Figures de G. Doré*.

265 — Richardson. Clarisse Harlowe, trad. par Letourneur. *Genève*, 1785, 14 vol. in-18, bas. marb. *Vignettes*.

266 — Rousseau (J. J.). Œuvres complètes. *Paris*, *Bélin*, 1793, 37 vol. in-18, v. rac. *Fig. de Marillier*.

267 — Sainte Bible (La). D'après le latin de la Vulgate, avec notes par l'abbé Delaunay. *Paris*, *Curmer*, 1857, 5 vol. in-4, d.-rel. mar. br. coins, tête dorée, n. rog. *Figures*.

268 — Schnorr. Figures de la Bible. *Leipzig*, 1856, in-4, cart.

269 — Sévigné (Lettres de Mme de). *Paris*, *Hachette*, 1863, 10 vol. in-8, br. (*Collection des grands écrivains*).

270 — Stael (Mme de). Corinne ou l'Italie. *Paris*, 1818, 2 vol. in-8, v. fau. tr. dor. *Figures* (*Thouvenin*).

271 — TALLEMANT DES RÉAUX. Historiettes. *Paris, Delloye*, 1840, 10 tomes en 5 vol. in-12, d.-rel. ch. viol. *Figures.*

272 — THIERS. Histoire de la Révolution Française. *Paris, Furne*, 1845, 10 vol. in-8, br. *Figures et atlas.*

273 — THIERS. Histoire du Consulat et de l'Empire. *Paris, Paulin*, 1849, 20 vol. in-8, br. et atlas. *Figures.*

274 — VECELLIO. Costumes anciens et modernes. *Paris, Didot*, 1859, 2 vol. in-8, br. *Figures sur bois.*

275 — VOLTAIRE. Œuvres complètes. *Paris, Lefèvre*, 1818, 41 vol. in-8, d.-rel. bas. viol.

THÉATRE

276 — ALMANACH des spectacles, par K. et Z. *Paris, Janet* (1818-1825), 8 vol. pet. in-18, bas. marb., tr. dor. *Jolies figures coloriées (costumes).*

277 — BEAUMARCHAIS. Œuvres complètes. *Paris, Collin*, 1809, 7 vol. in-8, bas. rac. *Figures au trait.*

278 — CORNEILLE (P.). Théâtre. *S. l.*, 1764, 12 vol. in-8, v. marb. *Figures de Gravelot.*

279 — ÉTIENNE et MARTAINVILLE. Histoire du Théâtre-Français. *Paris*, 1802, 4 tomes en 2 vol. in-18, d.-rel.

280 — Favart (Théâtre de M.), ou Recueil de comédies, parodies et opéras comiques, qu'il a donnés jusqu'à ce jour, avec les airs, rondes et vaudevilles. *Paris, Duchesne*, 1763-1772, 8 vol. in-8, v. marb. *Portraits, fleurons par Eisen, et figures par Borel, Boucher, Cochin, Eisen et Gravelot.*

281 — Goncourt (E. et J. de). Mystères des théâtres, 1852, *Paris*, 1853, in-8, d.-rel.

282 — Molière. Œuvres. *Amsterdam, Jaques Le Jeune*, 1675, 2 vol. pet. in-12, parch. (tomes II et V).

283 — Molière. Œuvres. *Paris*, 1734, 6 vol. in-4, v. marbr. *Portrait et 33 figures par Boucher, gravées par Laurent Cars, vignettes et culs-de-lampe, par Boucher, Blondel et Oppenort.*

Bel exemplaire du premier tirage.

284 — Molière. Œuvres complètes, nouv. édit., par L. Moland. *Paris, Garnier*, 1864, 6 vol. in-8, br. *Figures.*

285 — Molière. Œuvres complètes. *Paris, Garnier*, 1869, gr. in-8, d.-rel. ch. rou., tr. dor. *Figures.*

286 — Monde dramatique. *Paris*, 1835-1837, 3 vol. gr. in-8, cart. *Front. par C. Nanteuil et figures.*

287 — Parfaict (Les frères). Histoire du Théâtre-Français depuis son origine. *Paris*, 1745, 15 vol. in-12, v. marb.

288 — PARODIES (Les) du nouveau Théâtre-Italien. *Paris*, 1731, 2 vol. in-12, v. fauve. *Fig.* (*armoiries*).

289 — RACINE. Œuvres complètes. *Paris, Dupont*, 1824, 6 vol. in-8, v. fauve.

290 — RACINE. Œuvres complètes. *Paris, Everat*, 1839, 2 vol. in-8, d.-rel. ch. vert. *Figures*.

291 — REGNARD. Œuvres complètes. *Paris, impr. de Monsieur*, 1790. 6 vol. in-8, v. marb. *Portr. et figures de Moreau et Marillier*.

292 — RÉPERTOIRE général du Théâtre-Français. *Paris, Dabo*; 1822, 67 vol. in-18, d.-rel. v. viol.

293 — SHAKESPEARE, trad. de l'anglais (par Letourneur). *Paris, Duchesne*, 1776, 20 vol. in-4, d.-rel. *Front.*

294 — SHAKESPEARE. Œuvres complètes, trad. par B. Laroche. *Paris, Charpentier*, 1854, 6 vol. in-12, br.

295 — SAMSON. L'art théâtral. *Paris, Dentu*, 1863, 2 vol, in-8, br.

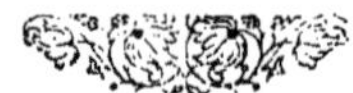

www.ingramcontent.com/pod-product-compliance
Ingram Content Group UK Ltd.
Pitfield, Milton Keynes, MK11 3LW, UK
UKHW020452180726
13839UKWH00004B/1784

9 782329 507439